# Beginning Sounds

Say the word for each picture.
Write the **beginning** sound.
Use these letters: **c, f, h, k, m, p, r, t**.

1. Fan

2. Pie

3. Rain

4. Cat

5. hat

6. Man

7. Tie

8. Kite

# Beginning Sounds

Say the word for each picture.
Write the **beginning** sound.
Use these letters: **b, d, g, l, n, q, s, y.**

1.  l eaf

2.  D og

3.  B all

4.  Q ueen

5.  Y arn

6.  g oat

7.  n ine

8. 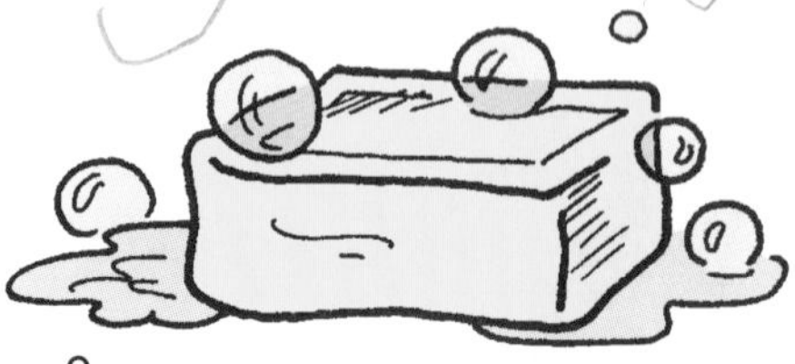 S oap

# Ending Sounds

Say the word for each picture.
Write the **ending** sound.
Use these letters: **b, g, l, m, n, p, r, x.**

1. pig

2. sun

3. cup

4. tub

5. nail

6. fox

7. bear

8. drum

# Ending Sounds

Say the word for each picture.
Write the **ending** sound.
Use these letters: **d**, **f**, **k**, **l**, **o**, **s**, **t**, **r**.

1. 

bed

2. 

seal

3. 

car

4. 

elf

5. 

zero

6. 

bus

7. 

cat

8. 

book

# Review

Say the word for each picture.
Write the **beginning** and **ending** sounds.
Use these letters: **m, n, p, s, g, t, b**.

1.

man

2.

BOP

3.

Pen

4.

sun

5.

bid

6.

Pan

7.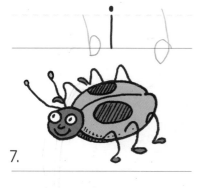

bug

8.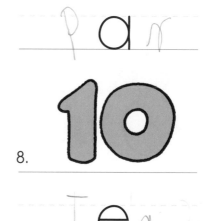

Ten

# Words with Short a

These words have the short **a** sound in   .
Say the words.

| | | |
|---|---|---|
| pan | map | fan |
| nap | dad | bat |

Write two words that **rhyme** with each picture.

1. can
   Pan
   fan

2. cap
   map
   nap

Write the word that **begins** with the same letter as each picture.

1. dad

2. bat

# Words with Short a

Write the short **a** words.
Then color the short **a** words in the picture blue.

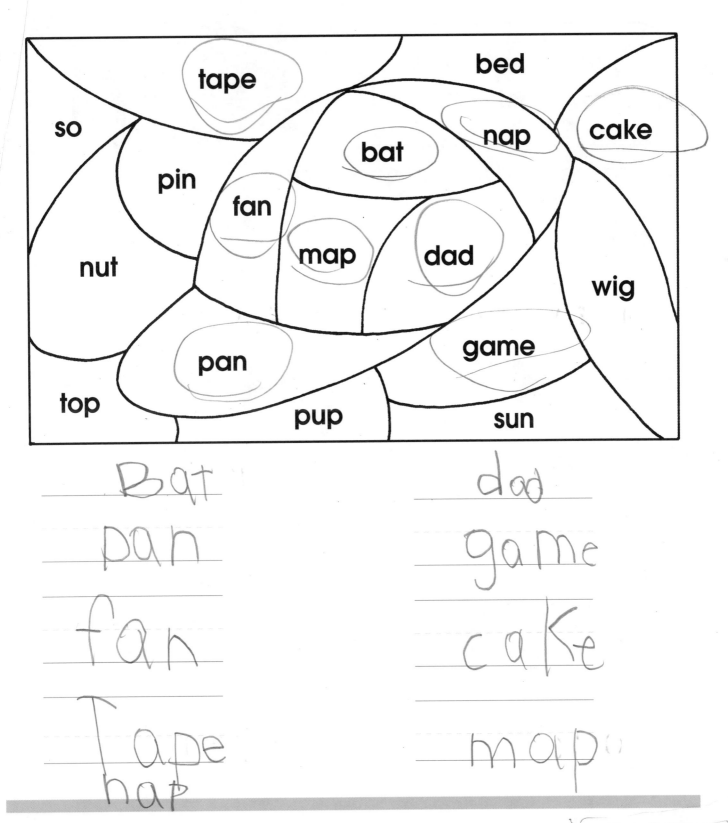

Bat

dad

pan

game

fan

cake

Tape

map

hap

# Words with Short e

These words have the short **e** sound in  .
Say the words.

| | | |
|---|---|---|
| pen | ten | bell |
| net | pet | bed |

Write the word that fits each shape.

1. n e t

2. t e n

3. p e n

4. p e t

Write the word for each picture.

1. bed

2. bell

# Words with Short e

Write the short **e** words.
Then color the short **e** words in the picture red.

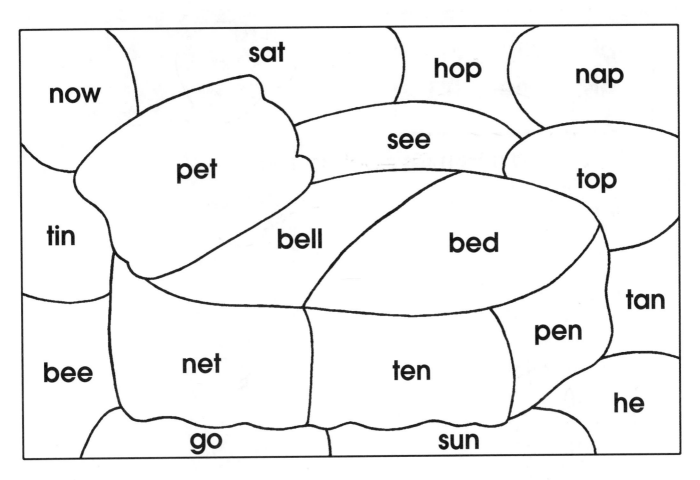

pet          bed

net          ten

bell          pen

# Words with Short i

These words have the short **i** sound in  .
Say the words.

| | | |
|---|---|---|
| **big** | **dig** | **in** |
| **pig** | **wig** | **his** |

Write a word that means the **opposite** of:

1.   out      in

2.  hers     his

Write the words **ending** with **-ig**.

wig

big

pig

dig

# Words with Short i

Write the short **i** words.
Then color the short **i** words in the picture pink.

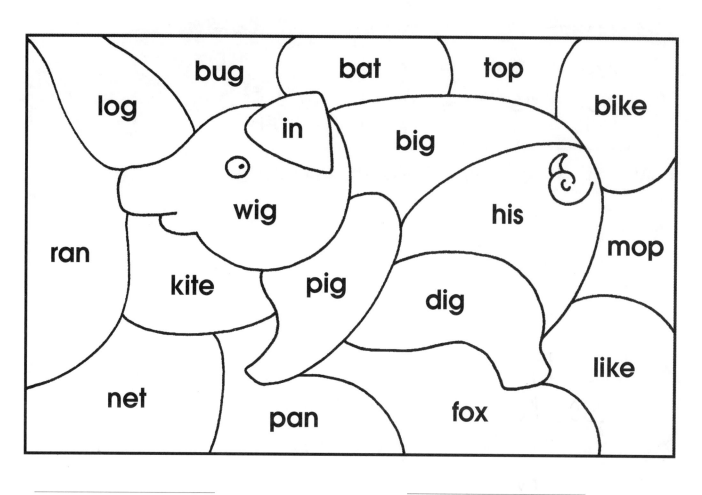

bug    bat    top

log    in    bike

big

wig    his

ran    mop

kite    pig    dig

like

net    pan    fox

Wig                         in

Pig                         big

his                         dig

# Words with Short o

These words have the short **o** sound in  .
Say the words.

| | | |
|---|---|---|
| top | box | sock |
| pot | not | lot |

Write the word for each picture inside the shape.

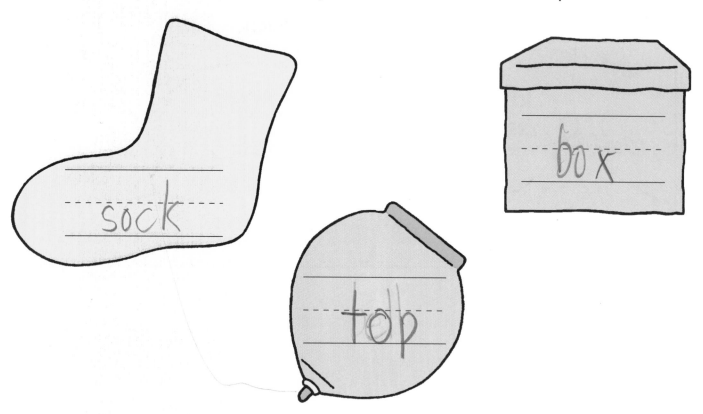

sock

box

top

Write the words that **rhyme** with **hot**.

pot          not          lot

# Words with Short o

Write the short **o** words.
Then color the short **o** words in the picture orange.

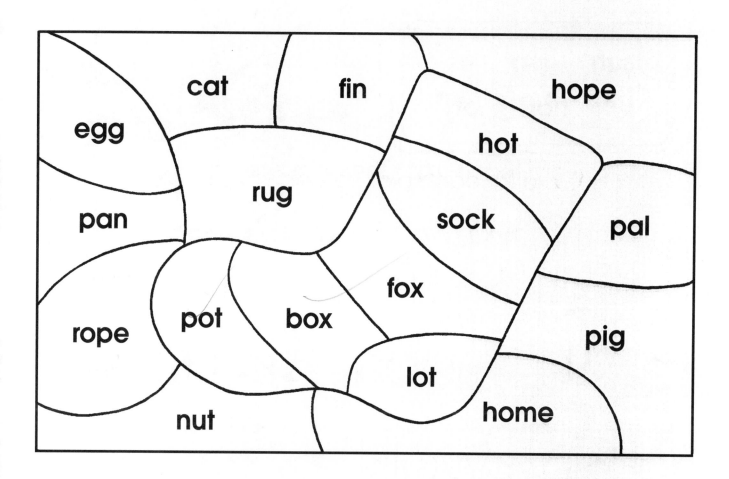

<br>

pot            hot

box           sock

lot            fox

# Words with Short u

These words have the short **u** sound in  .
Say the words.

| | | |
|---|---|---|
| sun | rug | us |
| hug | up | run |

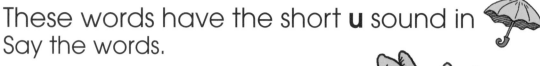

Write a word that means the opposite of:

1. down — up

2. moon — sun

3. walk — ran

Write another word that begins with the same letter as each picture.

1. hyena

2. rat

3. unit

# Words with Short u

Write the short **u** word for each picture.
Say the words.

| up | sun | rug |
|---|---|---|
| run | hug | bus |

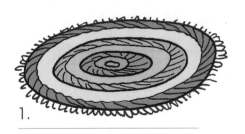

1. _rug_

2. _up_

3. _sun_

4. _hug_

5. _bus_

6. _run_

# Review

Say the word for each picture.
Write the vowel.
Use these letters: **a**, **e**, **i**, **o**, **u**.

1. bell

2. bib

3. rug

4. bat

5. box

6. van

7. bus

8. web

# Words with Long a

These words have the long **a** sound in 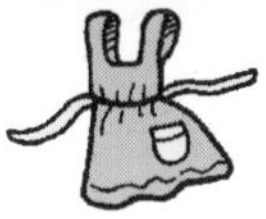 .
Say the words.

| | | |
|---|---|---|
| rake | game | tape |
| vase | cake | gate |

Write the answers on the lines.

1. You can put   in me.
   What am I?

   *vase*

2. You like to eat me.
   What am I?

   *cake*

3. I fix a torn page.
   What am I?

   *tape*

4. You use me to pile  .
   What am I?

   *rake*

Write the words with the same **beginning** sound as .

*game*          *gargoil*

# Words with Long a

Write the long **a** word for each picture.
Say the words.

| tape | rake | cake |
|------|------|------|
| game | vase | gate |

1.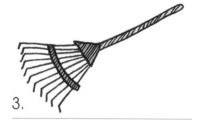

   vase

2.

   gate

3.

   rake

4.

   cake

5.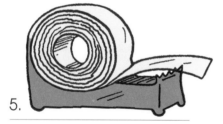

   tape

6.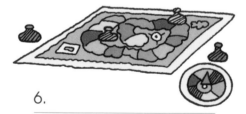

   game

Words with Long **a**

# Words with Long e

These words have the long **e** sound in  .
Say the words.

| he | me | see |
|----|----|-----|
| three | tree | she |

Write two 2-letter words that rhyme with **bee**.

_he_

_me_

Write two 3-letter words that rhyme with **bee**.

_she_

_see_

Write the word for each picture.

1. _tree_

2. _three_

# Words with Long e

Write the long **e** words.
Then color the long **e** words in the picture green.

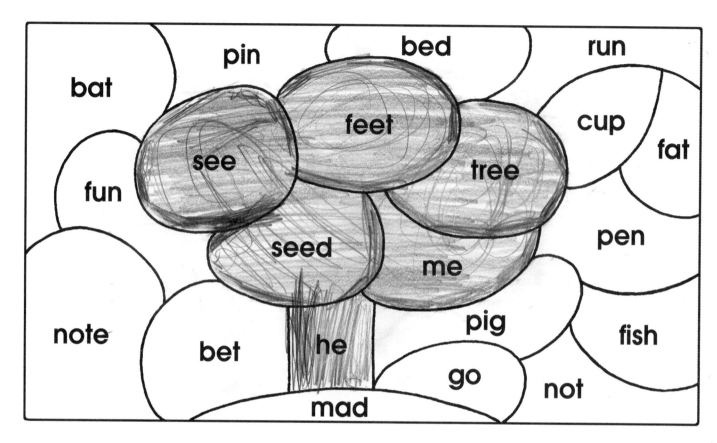

r

feet he

tree me

see seed

# Words with Long i

These words have the long **i** sound in .
Say the words.

| | | |
|---|---|---|
| **kite** | **tie** | **fine** |
| **bike** | **like** | **ride** |

Write the answers on the lines.

1. You can fly me.
   What am I?

kite

2. You can ride me.
   What am I?

bike

3. I am something to wear.
   What am I?

tie

Write the three other words that fit these shapes.

1. s a l e
2. l a m e
3. l i l y

# Words with Long i

Write the long **i** words.
Then color the long **i** words in the picture purple.

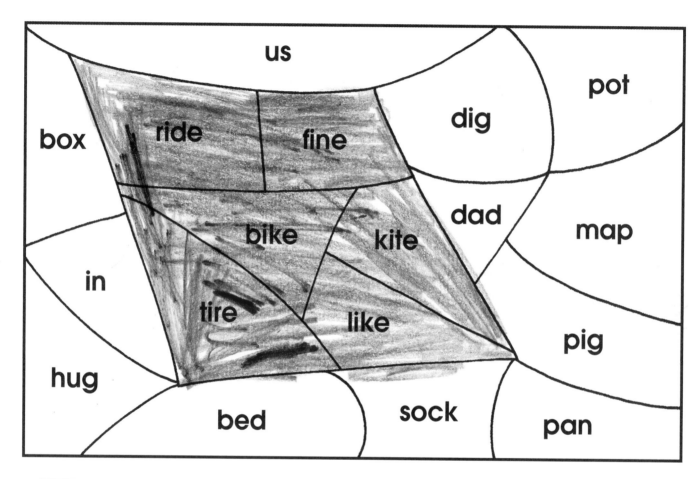

bike

kite

like

tire

fine

ride

# Words with Long o

These words have the long **o** sound in .
Say the words.

| | | |
|---|---|---|
| **home** | **nose** | **joke** |
| **gold** | **fold** | **note** |

| **e** | **h** | **j** | **k** | **m** | **n** | **o** | **s** | **t** |
|---|---|---|---|---|---|---|---|---|
| △ | ⬭ | ☆ | ◇ | < | > | ○ | □ | ▯ |

Use the code to write the words.
Write the letter each shape shows.

> ○ ▯ △

1. note

⬭ ○ < △

2. home

☆ ○ ◇ △

3. joke

> ○ □ △

4. nose

Write the words that **rhyme** with **told**.

cold

fold

# Words with Long o

Write the long **o** words.
Then color the long **o** words in the picture blue.

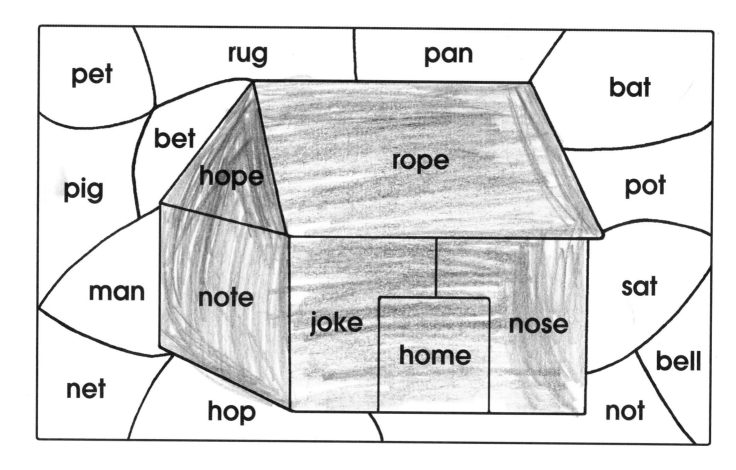

note          joke

hope          home

rope          nose

# Words with Long u

These words have the long **u** sound in .
Say the words.

| | | |
|---|---|---|
| **cube** | **cute** | **huge** |
| **rule** | **mule** | **tube** |

| **c** | **e** | **g** | **h** | **l** | **r** | **t** | **u** | **b** |
|---|---|---|---|---|---|---|---|---|
| △ | ⬭ | ☆ | ◇ | < | > | ○ | □ | ▯ |

Use the code to write the words.
Write the letter each shape shows.

△ □ ○ ⬭

1. cute

○ □ ▯ ⬭

2. tube

◇ □ ☆ ⬭

3. huge

> □ < ⬭

4. rule

Write the word for each picture.

1. horse

2. i ce cu be

# Words with Long u

Write the long **u** words.
Then color the long **u** words in the picture red.

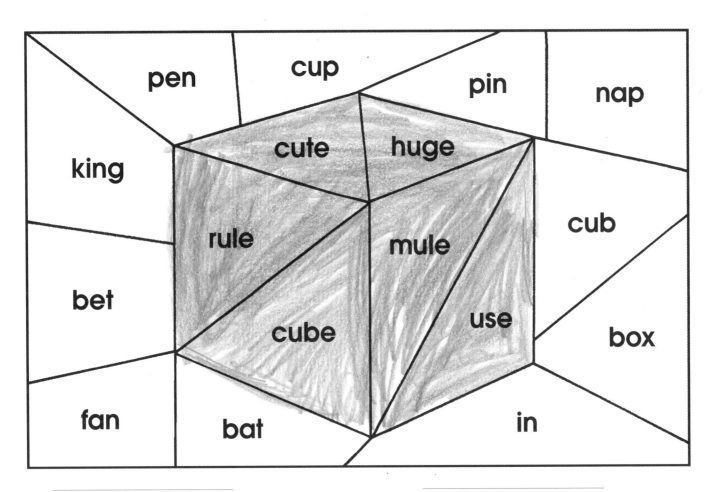

pen

cup

pin

nap

king

cute

huge

rule

mule

cub

bet

cube

use

box

fan

bat

in

cute

cube

mule

huge

use

rule

# Review

Write the short **a** word in each blank.

| nap | maps |
| bat | Dad |

Sam walks to school.

_____

He learns about ___maps___.

At recess, he plays with a ball and ___bat___.

___Dad___ drives him home.

_____

Sam is tired, so he takes a ___nap___.

Circle all the short **e** words.

(tent)         (bed)         (let)         (net)

see         (pen)         she         key

# Review

Write the answers on the lines.

fox    sock    box    pot

1. You put me on your foot.
   What am I?

   _____

2. I hold toys for you.
   What am I?

   _____

3. Mom uses me to cook.
   What am I?

   _____

4. I am an animal.
   What am I?

   _____

a b c d e f g h i j k l m n o p q r s t u v w x y z
Write the words in alphabetical order.

us    hug    sun

_____    _____    _____

1. _____    2. _____    3. _____

# Review

Write the **a** word in each blank.

game    rake
vase    gate

_____

Bring a _____ to pile the leaves.

_____

We will pick flowers to put in a _____ .

_____

Then we can play a _____ of tag.

_____

Don't go past the _____ .

Circle all the long **e** words.

net            tree            he            seed

see            get            ten            bee

# Review

Write the answers on the lines.

| nose | rope | note | home |

1. You can tie things with me.
   What am I?

*rope*

2. You use me to smell.
   What am I?

*nose*

3. You live in me.
   What am I?

*home*

4. You write me.
   What am I?

*note*

a b c d e f g h i j k l m n o p q r s t u v w x y z
Write the words in alphabetical order.

| mule | rule | cute |

1. *cute*    2. *mule*    3. *rule*

Review

# Review

Write five sentences using one of these words in each sentence.

| | |
|---|---|
| **game** | **home** | **in** |
| **like** | **Dad** | |

1. I play a game.

2. I play with my dad.

3. I like tennis

4. I go in.

5. Home gets really boring.

# Short a Words

Put a letter in place of each number to finish the sentence.

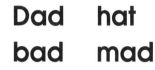

cat   Dad   hat
sat   bad   mad

1 2 3 4 5 6 7 8 9
D d b a m c t s h

$\underset{1}{D}\ \underset{4}{a}\ \underset{2}{d}$ got $\underset{5}{m}\ \underset{4}{a}\ \underset{2}{d}$ when the

$\underset{3}{b}\ \underset{4}{a}\ \underset{2}{d}$ $\underset{6}{c}\ \underset{4}{a}\ \underset{7}{t}$ $\underset{8}{s}\ \underset{4}{a}\ \underset{7}{t}$

on his $\underset{9}{h}\ \underset{4}{a}\ \underset{7}{t}$.

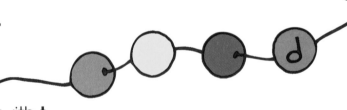

Write three words that end with **t**.

hat         bat         cat

Write three words that end with **d**.

dad         bad         mad

# Short e Words

Read the clues. Write the word.

1. it + en – i = *ten*

2. bib + ed – bi = *bed*

3. up + en – u = *pen*

4. him + en – hi = *men*

5. now + et – no = *wet*

6. pig + et – pi = *get*

7. hay + es – ha = *yes*

8. far + ed – fa = *red*

Write two words that end with **t**.

_*bat*_    _*sat*_

Write two words that end with **d**.

_*bad*_    _*mad*_

Write two words that end with **n**.

_*hen*_    _*ten*_

# Short i Words

Write the word that fits each shape.

| six | sit | fish |
|-----|-----|------|
| big | pig | did |
| give | his | |

1. d i d

2. p i g

3. b i g

4. f i s h

5. g i v e

6. s i t

7. s i x

8. h i s

Write the word from the box that **rhymes** with each word below.

1. **big** pig

2. **fix** six

3. **live** give

4. **hit** sit

5. **dish** fish

6. **hid** did

# Short o Words

Write the word to finish each sentence.
Then circle each word in the puzzle.

~~fox~~  ~~box~~  ~~pop~~
~~top~~  ~~mom~~  ~~hot~~
~~job~~  ~~hop~~

1. The dog looks like a ___fox___ .

2. The soup is too ___hot___ to eat.

3. How far can you ___hop___ ?

4. We had hot dogs and ___pop___ .

5. His ___mom___ said he can go.

6. It is my ___job___ to set the table.

7. What is in the ___box___ ?

8. The book is on the ___top___ shelf.

H O T J O B
O M O M X O
P O P F O X

# Short u Words

Write the word from the box that **rhymes** with each word below.
Then circle each word in the puzzle.

| | | |
|---|---|---|
| nut | up | gum |
| bug | bus | tub |
| duck | fun | |

1. run fun
2. hug bug
3. rub tub
4. but nut
5. luck duk
6. cup up
7. us bus
8. hum gum

| | | | | |
|---|---|---|---|---|
| R | D | U | C | K |
| F | U | N | U | P |
| N | B | U | G | R |
| R | U | T | U | B |
| C | S | A | M | L |

# Compound Words

Two words that are put together to make one word become a **compound word**.

Circle the two words in each **compound word**.

something
everywhere
inside
maybe
herself

snowball
anyone
cannot
sunshine
birthday

Match a word from the **A** list to a word from the **B** list to make a **compound word**.

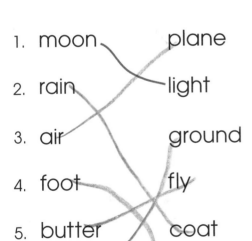

|  | A | + | B |
|---|---|---|---|
| 1. | moon | | plane |
| 2. | rain | | light |
| 3. | air | | ground |
| 4. | foot | | fly |
| 5. | butter | | coat |
| 6. | play | | ball |

moonlight

raincoat

airplane

football

butterfly

playground

# Words with a, o

Put a letter in place of each number to make words.

call     jog     dog
small     frog     walk

1 2 3 4 5 6 7 8 9 10 11 12 13
s c a f d j w g o l r m k

What do you <u>c</u> <u>a</u> <u>l</u> <u>l</u> a <u>s</u> <u>m</u> <u>a</u> <u>l</u> <u>l</u>
   2    3    10    10     1    12    3    10    10

<u>d</u> <u>o</u> <u>g</u> that takes a <u>f</u> <u>r</u> <u>o</u> <u>g</u> for a
5    9    8         4    11    9    8

<u>w</u> <u>a</u> <u>l</u> <u>k</u> ?
7    3    10    13

A <u>f</u> <u>r</u> <u>o</u> <u>g</u> - <u>j</u> <u>o</u> <u>g</u> ger.
   4    11    9    8    6    9    8

# Words with ar, or

Put a letter in place of each number to make words.

far     hard     short
car     more     store
start    wore

| 1 | 2 | 3 | 4 | 5 | 6 | 7 | 8 | 9 | 10 | 11 | 12 |
|---|---|---|---|---|---|---|---|---|----|----|----|
| m | w | s | e | c | a | r | t | h | o | f | d |

1. $1 + 10 + 7 + 4$

m o r e

2. $5 + 6 + 7$

car

3. $3 + 9 + 10 + 7 + 8$

s hort

4. $9 + 6 + 7 + 12$

h a r d

5. $11 + 6 + 7$

far

6. $3 + 8 + 10 + 7 + 4$

s t   o re

7. $3 + 8 + 6 + 7 + 8$

s t ar t

8. $2 + 10 + 7 + 4$

w o r e

# Words with er, or, ir, ur

Read the clues to finish the puzzle.

letter   bird   turn   mother
word   hurt   work

**Across**

2. move around a center
4. to harm
5. something that is said
6. an animal with wings and feathers

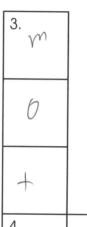
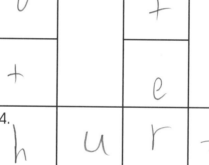

**1.** l e
**2.** t u r n
t
e
**3.** m o t
**4.** h u r t
h
e
**5.** w o r d
o
**6.** b i r d
k

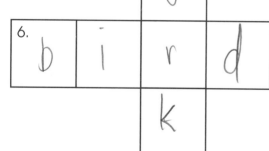

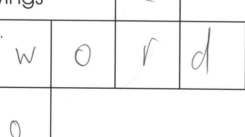

**Down**

1. a note written to a person
3. a female parent
5. job

# Words with c, k, ck

Write the word to finish each sentence.
Then read the clues to finish the puzzle.

| pack | cup | kitten |
| kick | neck | pick |
| picnic | come | |

Puzzle grid:

1. c o m e
   u
3. p i c h i c
         e  5. k i c k
         c
6. k i t t e n
2. p a c k
      i
      c

## Down

1. The _____ broke.

2. Did you _____ berries?

4. A giraffe has a long _____ .

## Across

1. Our dog did not _____ with us.

2. Did you _____ your toothbrush?

3. We had a _____ at the lake.

5. How far can you _____ the ball?

6. The _____ drinks milk.

# Double Consonants

Write the word that fits each shape.

pass    rabbit    off
funny   puppy   eggs
tell    happy

t e l l

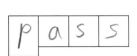
p a s s

o f f

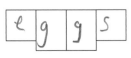
e g g s

f u n n y

h a p p y

p u p p y

r a b b i t

Read the clues. Write words from the box.

1. an animal that hops ___rabbit___

2. opposite of on ___off___

3. silly ___funny___

4. glad; pleased ___happy___

5. say ___tell___

6. go by ___pass___

7. what a hen lays ___eggs___

8. a young dog ___puppy___

# Blends cl, dr, sm, st, sw

Finish the puzzle with a **rhyming** word.

| | | |
|---|---|---|
| **smile** | **sting** | **dress** |
| **class** | **smell** | **drag** |

**Across**

2. thing
4. mile
5. mess

**Down**

1. flag
2. tell
3. grass

1. drag
2. sting
2. smell
3. class
4. smile
5. dress

Fill in the **blend** to finish the word.

c l own

s w an

s t ar

# Words Ending with mp, nd, nt, sk, st

Put a letter in place of each number to make words.

send      hand      just

stamp    went    test

desk      ask

1 2 3 4 5 6 7 8 9 10 11 12 13

s m t a d e p j h n k w u

1. 9 + 4 + 10 + 5

ha nd

2. 4 + 1 + 11

ask

3. 1 + 6 + 10 + 5

se nd

4. 5 + 6 + 1 + 11

desk

5. 1 + 3 + 4 + 2 + 7

st amp

6. 3 + 6 + 1 + 3

test

7. 12 + 6 + 10 + 3

we n t

8. 8 + 13 + 1 + 3

just

# Words Beginning with ch, sh, th, wh

Read the clues to finish the puzzle.

think   when   chop   shut
thin   where   check   shop

1. s h u t
   s h o p

2. c h o p

**Across**

1. close
2. cut into pieces
3. use the mind
4. at what time

c h e c k

3. t h i n k
     h
     i
     n

4. w h e n

**Down**

1. a store
2. to test if true
3. slim
4. at what place

w h e r e

# Words Ending with ch, ng, sh, th

Write the word for each clue.
Then read the letters in the box to answer the riddle.

| inch | branch |
| bring | long |
| fish | path |

1. a water animal    f i | s | h

2. a walkway    | p | a t h

3. part of a tree    b | r | a n c h

4. carry    b r | i | n g

5. part of a foot    i | n | c h

6. opposite of short    l o n | g

I come after winter.
What am I? _____Spring_____

Add the missing letters to make words.

1. bran __c__ __h__    2. lo __n__ __g__    3. pa __t__ __h__

4. bri __n__ __g__    5. in __c__ __h__    6. fi __s__ __h__

 Words Ending with **ch, ng, sh, th**

# Vowel-Consonant-e

Many words with a long vowel sound are spelled with vowel-consonant-**e** (mad - made).

Add an **-e** to each word to make a new word.

1. at __e__

2. kit __e__

3. pin __e__

4. hug __e__

5. dim __e__

6. mad __e__

Help fly the kites.

Write each word from above on the correct kite.

It cost a __dime__.

A whale is __huge__.

It __made__ a mess.

How high can your __kite__ fly?

That is a __pine__ tree.

We __ate__ pizza for lunch.

# Vowel-Consonant-e

Write the word for each clue.
Then read the letters in the box to answer the riddle.

| home | dime | pine | those |
|------|------|------|-------|
| nine | cute | save | make |

1. keep     s a v e

2. pretty     c u t e

3. one more than eight     n i n e

4. plural of that     t h o s e

5. where a person lives     h o m e

6. a 10¢ coin     d i m e

7. a kind of tree     p i n e

8. build     m a k e

I brighten your day. What am I?

sun

Add the missing letters to make a word.

1. c u t e     2. s a v e     3. h o m e     4. m a k e

5. d i m e     6. th o se     7. n i n e     8. p i n e

Vowel-Consonant-e

# Words with Long a, ai, ay

Fill the **a** train with long **a** words.
Write the missing letters to make a long **a** word.

| | | |
|---|---|---|
| wait | mail | paint |
| day | play | rain |
| stay | say | |

st _a_ _y_

pl _a_ _y_

s _a_ _y_

p _a_ _i_ nt

d _a_ _y_

r _a_ _i_ n

m _a_ _i_ l

w _a_ _i_ t

Add the missing letters to finish the sentence.

1. Did your mom s _a_ _y_ you could pl _a_ _y_ ?

2. Can you st _a_ _y_ all d _a_ _y_ ?

3. Do not w _a_ _i_ t in the r _a_ _i_ n.

# Words with Long e, ea, ee

Read the clues. Write the word.

1. if + eel – i = _fell_

2. far + ead – fa = _read_

3. he + at – h = _eat_

4. is + he – i = _she_

5. it + eeth – i = _teeth_

6. it + eam – i = _team_

7. tea + ch – t = _eack_

8. kick + eep – kic = _keep_

Write two long **e** words with **ee**.

_feet_      _sleet_

Write two long **e** words with **ea**.

_meat_      _seat_

# Words with Long i, y, igh

Write the word that fits each shape.

| try | mind | right |
|-----|------|-------|
| light | cry | kind |
| high | why | |

1. 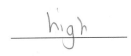 K i n d

2.  w h y

3.  c r y

4.  l i g h t

5.  r i g h t

6.  h i g h

7. 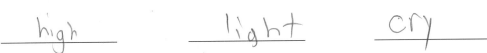 m i n d

8. 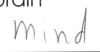 t r y

Read the clue. Write the word.

1. far above
   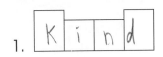 high

2. not heavy
    light

3. call loudly
   cry

4. correct
   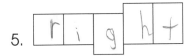 right

5. friendly
   kind

6. for what reason
   why

7. put to a test
    try

8. brain
   mind

# Words with Long o, oa, ow

Write the word for each clue.
Then read the letters in the box to answer the riddle.

| own | told | show | both |
|-----|------|------|------|
| coat | grow | goat | |

1. get bigger          g r _o_ _w_

2. worn over clothes   _c_ _o_ _a_ _t_

3. put in sight        _s_ _h_ _o_ _w_

4. one, then another   _b_ _o_ _t_ _h_

5. have                _o_ _w_ _n_

6. a farm animal       _g_ _o_ _a_ _t_

7. said; put into words  _t_ _o_ _l_ _d_

I float on water.
What am I?

a _rowboat_

Add the missing letters to make a word.

1. gr _o_ _w_      2. sh _o_ _w_      3. _o_ wn      4. t _o_ ld

5. c _o_ _a_ t     6. b _o_ th                      7. g _o_ _a_ t

# Words with oo, ew

Read the clues. Write the word.

1. if + ood – i = food
2. is + oon – i = soon
3. for + oom – fo = room
4. it + ool – i = tool
5. in + ew – i = hew
6. now + ho – no = who
7. mom + oon – mo = moon
8. ofl + ew – o = flew

Add the missing letters to make a word.

1. n <u>e</u> <u>w</u>  2. f <u>o</u> <u>o</u> d  3. wh <u>o</u>  4. t <u>o</u> <u>o</u> l

5. fl <u>e</u> <u>w</u>  6. m <u>o</u> <u>o</u> n  7. s <u>o</u> <u>o</u> n  8. r <u>o</u> <u>o</u> m

# Words Ending with er

Read the clues to finish the sentence.
Then circle each word in the puzzle.

after    over    flower
under    water   better
sister   answer

```
A F T E R O A
S L B K J V N
I O I S T E S
S W A T E R W
T E H C T T E
E R U N D E R
R B E T T E R
```

1. The ball went __under__ the chair.

2. It is your turn __after__ Sara.

3. May I have a drink of __water__?

4. A rose is a __flower__.

5. Can you __answer__ the question?

6. Her __sister__ is six today.

7. Sara feels __better__ today.

8. The cat jumped __over__ the fence.

# Words Ending with y

Y has an **e** sound at the end of some words.

Read the clues to finish the puzzle.

penny    kitty    pretty    easy
silly    lucky    funny    baby

**Across**

3. causing laughter
5. not hard
7. foolish
8. very young child

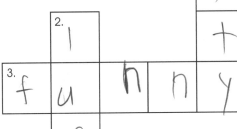

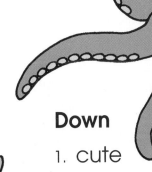

**Down**

1. cute
2. having good luck
4. one cent
6. baby cat

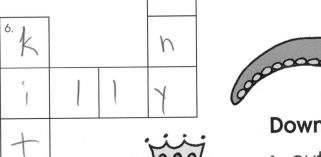

1. p r e t t y

2. l u c k y

3. f u n n y

4. p e n n y

5. e a s y

6. k i t t y

7. s i l l y

8. b a b y

# Adding -ing

If a word ends in **e**, drop the **e** and add **-ing**.

Write the word to finish each sentence.

| | |
|---|---|
| **hide** | **hope** |
| **come** | **make** |
| **smile** | **write** |

1. Is Peter ___coming___ with us?

2. I keep ___hoping___ it will not rain.

3. The cat is ___hiding___ from the dog.

4. Dad is ___making___ a birdhouse.

5. Tina is ___writing___ a story.

6. Everyone was ___smiling___ during the play.

Write each word with an **-ing** ending.

| | | | | | |
|---|---|---|---|---|---|
| ■ | b | o | r | i | n | g |
| ■ | h | o | p | i | n | g |
| ■ | m | a | k | i | n | g |
| ■ | c | o | m | i | n | g |
| S | m | i | l | i | n | g |
| w | r | i | t | i | n | g |

# Adding -s, -es

Add **-s** or **-es** to make a word name more than one.
Add **-s** to most words. Add **-es** to words that end in **ch**, **sh**, and **x**.

Finish the puzzle with a rhyming word.

books    boxes
dogs     dishes
bells     inches

1. b o x e s
2. b e l l s
   o
   o
   k
   s
3. d i s h e s
   n
   c
   h
   e
5. d o g s

**Across**

2. tells

3. wishes

5. hogs

**Down**

1. foxes

2. looks

4. pinches

# Adding -es

The ending **-es** can be added to some words to name more than one.

If a word ends with a consonant and **y**, change the **y** to **i** and add **-es**.

1. one baby

two | b | a | b | i | e | s |

2. one penny

two | p | e | n | n | i | e | s |

3. one berry

two | b | e | r | r | i | e | s |

4. one candy

two | c | a | n | d | i | e | s |

5. one puppy

two | p | u | p | p | i | e | s |

6. one butterfly

two | b | u | t | t | e | r | f | l | i | e | s |

58

# Adding -ing or -ed

Some words end with one vowel and one consonant. To get the short vowel sound, double the final consonant before adding **-ing** or **-ed** (hop - hopped - hopping).

Write the correct ending for each word to finish the sentence.

| sled | rub | grab |
| skip | bat | hug |
| nap | hop | |

1. The rabbit (hop) into its hutch.   hopped

2. Jo (bat) in the winning run.   batted

3. A good exercise is (skip) rope.   skipping

4. The baby is (nap) in her crib.   napping

5. I (grab) the dish before it fell.   grabbed

6. My bicycle tire is (rub) against the fender.   rubbing

7. The players (hug) each other after the game.   hugged

8. The snow is perfect for (sled).   sledding

# Sight Words

Help each bee to find its flower.

Write each word on the correct flower.

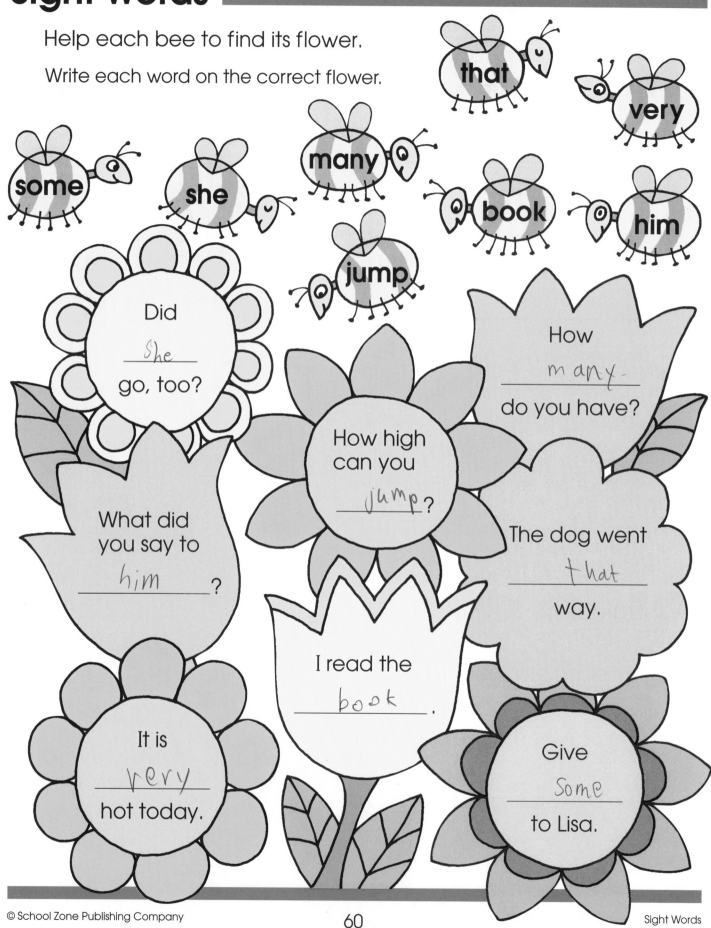

Did

_She_

go, too?

How

_many_

do you have?

What did you say to

_him_ ?

How high can you

_jump_?

The dog went

_that_

way.

I read the

_book_ .

It is

_very_

hot today.

Give

_some_

to Lisa.

Sight Words

# Sight Words

Write the word for each clue.
Then read the letters in the box to answer the riddle.

| go | down |
|---|---|
| big | right |
| bottom | |

1. opposite of up    d o w | n
2. opposite of little    b | i | g
3. opposite of stop    g | o
4. opposite of left    r i g | h | t
5. opposite of top    b o t | t | o m

The opposite of day is _night_.

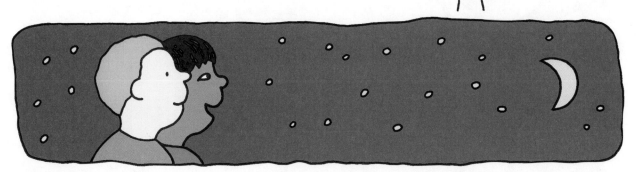

# Answer Key

1. fan 2. pie
3. rain 4. cat
5. hat 6. man
7. tie 8. kite

**Page 2**
1. leaf 2. dog
3. ball 4. queen
5. yarn 6. goat
7. nine 8. soap

**Page 3**
1. pig 2. sun
3. cup 4. tub
5. nail 6. fox
7. bear 8. drum

**Page 4**
1. bed 2. seal
3. car 4. elf
5. zero 6. bus
7. cat 8. book

**Page 5**
1. man 2. mop
3. pen 4. sun
5. bib 6. pan
7. bug 8. ten

**Page 6**
1. pan 2. map
   fan    nap

1. dad 2. bat

**Page 7**
fan, map,
pan, bat,
dad, nap

**Page 8**
1. net 2. ten
3. pen 4. pet

1. bed 2. bell

**Page 9**
pet, pen, ten,
bed, bell, net

**Page 10**
1. in
2. his

big, pig,
dig, wig

**Page 11**
in, his, wig,
big, pig, dig

**Page 12**
sock, top, box

pot, not, lot

**Page 13**
box, hot, sock,
fox, pot, lot

**Page 14**
1. up
2. sun
3. run

1. hug 2. rug 3. us

**Page 15**
1. rug 2. up
3. sun 4. hug
5. bus 6. run

**Page 16**
1. bell 2. bib
3. rug 4. bat
5. box 6. van
7. bus 8. web

**Page 17**
1. vase
2. cake
3. tape
4. rake

game, gate

**Page 18**
1. vase 2. gate
3. rake 4. cake
5. tape 6. game

**Page 19**
he, me

see, she

1. tree 2. three

**Page 20**
see, feet,
me, tree,
he, seed

**Page 21**
1. kite
2. bike
3. tie

1. ride 2. fine 3. like

**Page 22**
kite, ride,
fine, tire,
bike, like

**Page 23**
1. note 2. home
3. joke 4. nose

fold, gold

**Page 24**
nose, rope,
home, note,
hope, joke

**Page 25**
1. cute 2. tube
3. huge 4. rule

1. mule 2. cube

**Page 26**
cube, use,
rule, huge,
cute, mule

**Page 27**
Sam walks to school.
He learns about **maps**.
At recess, he plays with a ball and **bat**.
**Dad** drives him home.
Sam is tired, so he takes a **nap**.

tent, bed, pen, let, net

**Page 28**
1. sock
2. box
3. pot
4. fox

1. hug 2. sun 3. us

**Page 29**
Bring a **rake** to pile the leaves.
We will pick flowers to put in a **vase**.
Then we can play a **game** of tag.
Don't go past the **gate**.

see, tree, he, seed, bee

**Page 30**
1. rope
2. nose
3. home
4. note

1. cute 2. mule 3. rule

**Page 31**
Automatic fill-in.

# Answer Key

**Page 32**
**Dad** got **mad** when the **bad cat sat** on his **hat**.

**Page 33**
1. ten
2. bed
3. pen
4. men
5. wet
6. get
7. yes
8. red

**Page 34**
1. did    2. pig
3. big    4. fish
5. give   6. sit
7. six    8. his

1. pig    2. six
3. give   4. sit
5. fish   6. did

**Page 35**
1. fox
2. hot
3. hop
4. pop
5. mom
6. job
7. box
8. top

**Page 36**
1. fun    2. bug    3. tub    4. nut
5. duck   6. up    7. bus    8. gum

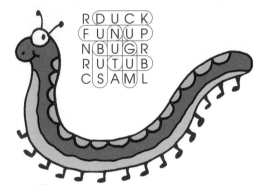

**Page 37**
some thing    snow ball
every where    any one
in side        can not
may be       sun shine
her self      birth day

1. moonlight
2. raincoat
3. airplane
4. football
5. butterfly
6. playground

**Page 38**
What do you **call** a **small dog** that takes a **frog** for a **walk**? A **frog-jog**ger.

**Page 39**
1. more    2. car
3. short    4. hard
5. far      6. store
7. start    8. wore

**Page 40**
**Across**
2. turn
4. hurt
5. word
6. bird
**Down**
1. letter
3. mother
5. work

**Page 41**
**Across**     **Down**
1. come    1. cup
2. pack    2. pick
3. picnic   4. neck
5. kick
6. kitten

**Page 42**
tell      pass
off       eggs
funny    happy
puppy    rabbit

1. rabbit
2. off
3. funny
4. happy
5. tell
6. pass
7. eggs
8. puppy

**Page 43**
**Across**    **Down**
2. sting    1. drag
4. smile    2. smell
5. dress    3. class

**cl**own   **sw**an   **st**ar

**Page 44**
1. hand    2. ask
3. send    4. desk
5. stamp   6. test
7. went    8. just

**Page 45**
**Across**
1. shut
2. chop
3. think
4. when
**Down**
1. shop
2. check
3. thin
4. where

Answer Key

# Answer Key

**Page 46**
1. fish
2. path
3. branch
4. bring
5. inch
6. long 
**spring**

1. bran**ch**  2. lo**ng**  3. **p**a**th**
4. bri**ng**  5. in**ch**  6. fi**sh**

**Page 47**
1. ate  2. kite  3. pine
4. huge  5. dime  6. made

A **whale** is huge.
It **made** a mess.
It cost a **dime**.
How high can your **kite** fly?
That is a **pine** tree.
We **ate** pizza for lunch.

**Page 48**
1. save
2. cute
3. nine
4. those
5. home
6. dime
7. pine
8. make 
**sunshine**

1. cute  2. save  3. home  4. make
5. dime  6. those  7. nine  8. pine

**Page 49**
st**ay**, pl**ay**, s**ay**, p**ai**nt,
d**ay**, r**ai**n, m**ai**l, w**ai**t

1. Did your mom s**ay** you could pl**ay**?
2. Can you st**ay** all d**ay**?
3. Do not w**ai**t in the r**ai**n.

**Page 50**
1. feel
2. read
3. eat
4. she
5. teeth
6. team
7. each
8. keep

**Page 51**
1. kind  2. why
3. cry  4. light
5. right  6. high
7. mind  8. try

1. high  2. light  3. cry
4. right  5. kind  6. why
7. try  8. mind

**Page 52**
1. grow
2. coat
3. show
4. both
5. own
6. goat
7. told
**rowboat**

1. gr**ow**  2. sh**ow**  3. **ow**n  4. t**o**ld
5. c**oa**t  6. b**o**th  7. g**oa**t

**Page 53**
1. food
2. soon
3. room
4. tool
5. new
6. who
7. moon
8. flew

1. new  2. food  3. who  4. tool
5. flew  6. moon  7. soon  8. room

**Page 54**
1. under
2. after
3. water
4. flower
5. answer
6. sister
7. better
8. over

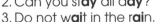

```
A F T E R O A
S L B K J V N
I O I S T E S
S W A T E R W
T E H C T T E
E R U N D E R
R B E T T E R
```

**Page 55**
**Across**
3. funny
5. easy
7. silly
8. baby
**Down**
1. pretty
2. lucky
4. penny
6. kitty

**Page 56**
1. coming
2. hoping
3. hiding
4. making
5. writing
6. smiling

**Page 57**
**Across**
2. bells
3. dishes
5. dogs
**Down**
1. boxes
2. books
4. inches

**Page 58**
1. babies
2. pennies
3. berries
4. candies
5. puppies
6. butterflies

**Page 59**
1. hopped
2. batted
3. skipping
4. napping
5. grabbed
6. rubbing
7. hugged
8. sledding

**Page 60**
Did **she** go, too?
How high can you **jump**?
How **many** do you have?
What did you say to **him**?
The dog went **that** way.
It is **very** hot today.
I read the **book**.
Give **some** to Lisa.

**Page 61**
1. down
2. big
3. go
4. right
5. bottom
**night**

© הוצאת ספרים עם עובד בע"מ תל אביב
עימוד: סטודיו ע.נ.ע. בע"מ ראשון לציון
נדפס בתשע"ד בדפוס מאירי חולון
© Am Oved Publishers Ltd. Tel Aviv 1993
Printed in Israel • ISBN 978-965-13-2446-8

**Donors and Partners**

Sifriyat Pijama operates with principal funding from the Ministry of Education and the Harold Grinspoon Foundation and in cooperation with the Israel Council for Libraries.

We would like to thank the following additional partners and donors:

**Donations of $100,000 and above**

The Harry and Jeanette Weinberg Foundation
The Crown Family
Max and Marian Farash Charitable Foundation

**Other Generous Supporters**

The Baron de Hirsch Fund
Tmura – The Israeli Public Service Venture Fund
The Azrieli Foundation in Israel
The Goldring Family Foundation
Mitzi and Warren Eisenberg Family Foundation
Jewish Federation/Jewish United Fund of Metropolitan Chicago
Nesher – Broward County Partnership2Gether (The Jewish Agency for Israel)
The Jewish Federation of Greater MetroWest, N.J.
Kiryat Motzkin – Orlando Partnership2Gether (The Jewish Agency for Israel)

---

**תורמים ושותפים**

ספריית פיג׳מה פועלת במימון קרן הרולד גרינספון ומשרד החינוך ובשיתוף מרכז הספר והספריות בישראל.
אנו מבקשים להודות לשותפים נוספים התומכים בתכנית:

**תרומות של $100,000 ומעלה**

קרן הארי וג׳נט ויינברג
משפחת קראון
קרן מקס ומריאן פראש

**תורמים נדיבים נוספים**

קרן הברון דה הירש
קרן תמורה
קרן עזריאלי בישראל
קרן משפחת גולדרינג
קרן וורן ומיצי אייזנברג
הפדרציה היהודית/הקרן היהודית המאוחדת של שיקגו רבתי
שותפות נשר – בראורד קאונטי של הסוכנות היהודית לארץ ישראל
הקהילה היהודית, מטרו ווסט רבתי, ניו ג׳רזי
שותפות קריית מוצקין – אורלנדו של הסוכנות היהודית לארץ ישראל

❖ לפעמים ילדים צעירים בשלים לבצע משימות בעצמם, אך אינם עושים אותן כי התרגלו לקבל עזרה. אפשר לחשוב יחד על דברים שאתם נוטים לעשות עבורם, ולבחור משימה אחת שהם כבר מסוגלים לעשות בעצמם. כדאי לחזק את ההרגשה הטובה בעקבות ביטוי העצמאות!

❖ מי החברים של עליזה הברווזה? מי החברים של ילדיכם? ומי החברים שלכם? אפשר להיזכר בדברים שעליזה וחבריה אוהבים לעשות יחד ולשתף זה את זה בבילוי שלכם עם חבריכם.

❖ אפשר לאפות יחד עוגה ולהזמין חברים ל"מסיבת תה", כמו עליזה הברווזה והחברים בסוף הסיפור.

❖ האם אתם מכירים את המשל על הצרצר והנמלה? תוכלו לספר אותו לילדיכם.

**חיה שנהב**, סופרת ומשוררת, נולדה בשנת 1936 במושב כפר יהושע בעמק יזרעאל. מיץ פטל, ספרה הראשון לילדים, יצא לאור ב־1970 ואהוב מאוד על ילדים עד היום. עם יצירותיה המוכרות והאהובות נמנים הספרים פיט־פט־טו והיפו־תם והשירים "גברת עם סלים" ו"מי שבר את הצלחת". בשנת 1985 קיבלה חיה שנהב את פרס זאב לספרות ילדים ונוער, וב־2004 היא זכתה בפרס ביאליק לספרות יפה. חיה שנהב גרה בשכונת עין כרם בירושלים.

Копию этих страниц на русском языке можно найти в русской части нашего сайта www.pjisrael.org

אנו מאחלים לכם קריאה מהנה ושיחה נעימה!

ספריית פיג'מה

מסורת של סיפורי לילה טוב

משרד החינוך המנהל הפדגוגי
האגף לחינוך קדם יסודי

# עַלִיזָה הַבַּרְוָזָה וְהַחֲבֵרִים

כָּתְבָה: חַיָּה שֶׁנְהָב     צִיֵּר: נֹעַם נָדָב

## הורים יקרים,

"מי יביא לי אוכל? מי יביא לי מים? מי יביא לי את הנעליים?" שואלת עליזה הברווזה.
עליזה הברווזה יכולה לעשות דברים רבים בעצמה, אולם היא מתעצלת.
סיפור חינני ומשעשע זה מדגים כיצד עליזה הברווזה לוקחת את גורלה בידיה ומוצאת את הכוחות בתוכה לפעול, לעשות וליהנות מהחיים!

## "לֵךְ אֶל־נְמָלָה עָצֵל רְאֵה דְרָכֶיהָ וַחֲכָם" (משלי ו ו)

במסורת היהודית פסוקים רבים המשבחים את החריצות. הפתגם "לֵךְ אֶל־נְמָלָה עָצֵל רְאֵה דְרָכֶיהָ וַחֲכָם" ממליץ לנו להתבונן ביצורי הטבע הקטנים, להחכים וללמוד מהתנהגותם כיצד עלינו לנהוג.

## פעילות בחיק המשפחה

- כדאי לדפדף יחד בספר ולבקש מילדיכם לספר את עלילת הסיפור במילים שלהם לפי רצף האיורים. אפשר גם לבחור בובות שייצגו את הדמויות של עליזה וחבריה, ולהמחיז יחד את הסיפור.
- כל אחד מתעצל לפעמים. אפשר לשוחח יחד: מתי קשה לנו להתאמץ? אולי כשקמים בבוקר או כאשר עלינו לבצע מטלות שאינן חביבות עלינו?

הֵם יוֹשְׁבִים לְיַד הַשֻּׁלְחָן,
אוֹכְלִים,
מְדַבְּרִים,
וְאַף אֶחָד לֹא יָכוֹל לְתָאֵר לְעַצְמוֹ
כַּמָּה טְעִימָה הָיְתָה הָעוּגָה
שֶׁאָפְתָה עַלִיזָה הַבַּרְוָזָה.

וּבְשָׁעָה חָמֵשׁ –
תּוֹק תּוֹק – מִי בָּא?
דָּנִי הַקִּפּוֹד.

וּבְשָׁעָה חָמֵשׁ וָרֶבַע –
תּוֹק תּוֹק – מִי בָּא?
גִּדְעוֹן הַדֹּב.

דָּנִי הַקִּפּוֹד מֵבִיא אֱגוֹזִים.
גִּדְעוֹן הַדֹּב מֵבִיא דְּבַשׁ.

עַלִיזָה הַבַּרְוָזָה מִתְלַבֶּשֶׁת יָפֶה.

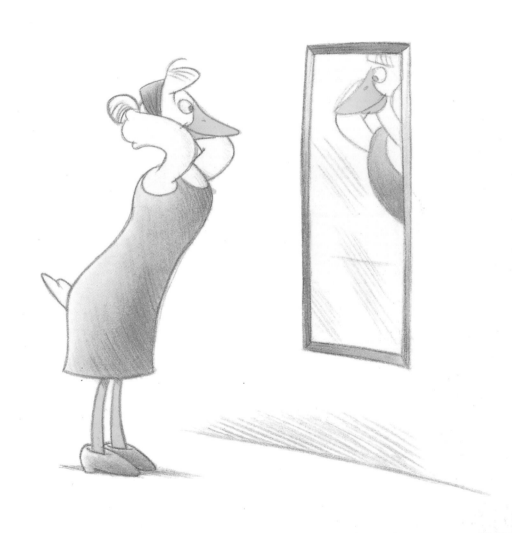

עַלִיזָה הַבַּרְוָזָה פּוֹקַחַת אֶת הָעֵינַיִם.
קֹדֶם עַיִן אַחַת,
אַחַר־כָּךְ אֶת הָעַיִן הַשְּׁנִיָּה.
וְאָז הִיא מִתְעוֹרֶרֶת –
וְקוֹפֶצֶת –
וּמְגָרֶשֶׁת אֶת זוּזִיק!
זוּזִיק בּוֹרֵחַ!

הוּא פּוֹתֵחַ אֶת הַדֶּלֶת בְּשֶׁקֶט־בְּשֶׁקֶט –
וְרוֹאֶה שֶׁעַלִיזָה הַבַּרְוָזָה יְשֵׁנָה.
הוּא נִכְנָס בְּשֶׁקֶט־בְּשֶׁקֶט –
מִתְקָרֵב,
מִתְקָרֵב,
אֲבָל פִּתְאֹם –

מִי זֶה עוֹמֵד לְיַד הַדֶּלֶת שֶׁל עַלִיזָה הַבַּרְוָזָה?
זוּזִיק הָעַכְבָּר.
הוּא מֵרִיחַ אֶת הָעוּגָה.

בְּשָׁעָה אַחַת –
עֲלִיזָה הַבַּרְוָזָה אוֹפָה עוּגָה.
בְּשָׁעָה שְׁתַּיִם – 
הִיא שָׂמָה אֶת הָעוּגָה עַל הַשֻּׁלְחָן.
בְּשָׁעָה שָׁלֹשׁ – 
הִיא שׁוֹכֶבֶת לָנוּחַ וְנִרְדֶּמֶת.
בְּשָׁעָה אַרְבַּע – 
מִישֶׁהוּ עוֹמֵד לְיַד הַדֶּלֶת שֶׁל עֲלִיזָה הַבַּרְוָזָה.

טְרְר־טְרְר. ״דָּנִי הַקִּפּוֹד,
אַתָּה יָכוֹל לָבוֹא אֵלַי בְּשָׁעָה חָמֵשׁ?״
״כֵּן.״
״טוֹב.״

טְרְר־טְרְר. ״גִּדְעוֹן הַדֹּב,
אַתָּה יָכוֹל לָבוֹא אֵלַי בְּשָׁעָה חָמֵשׁ וָרֶבַע?״
״כֵּן.״
״טוֹב.״

עַלִיזָה הַבַּרְוָזָה לוֹקַחַת מַטְאֲטֵא –
וּמְנַקָּה אֶת הַבַּיִת.
הִיא לוֹקַחַת סַל –
וְהוֹלֶכֶת לַמַּכֹּלֶת.
אַחַר־כָּךְ הִיא מְטַלְפֶּנֶת לַחֲבֵרִים שֶׁלָּהּ:

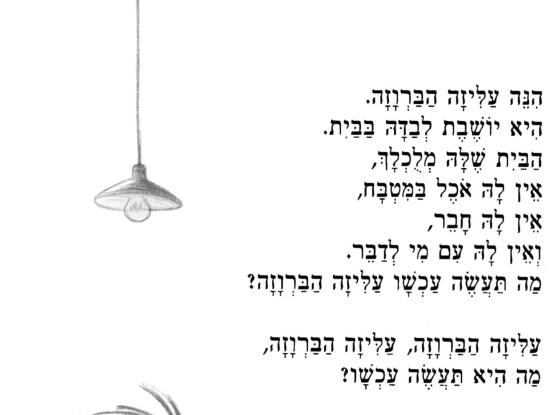

הִנֵּה עַלִּיזָה הַבַּרְוָזָה.
הִיא יוֹשֶׁבֶת לְבַדָּהּ בַּבַּיִת.
הַבַּיִת שֶׁלָּהּ מְלֻכְלָךְ,
אֵין לָהּ אֹכֶל בַּמִּטְבָּח,
אֵין לָהּ חָבֵר,
וְאֵין לָהּ עִם מִי לְדַבֵּר.
מָה תַּעֲשֶׂה עַכְשָׁו עַלִּיזָה הַבַּרְוָזָה?

עַלִּיזָה הַבַּרְוָזָה, עַלִּיזָה הַבַּרְוָזָה,
מָה הִיא תַּעֲשֶׂה עַכְשָׁו?

״לָמָּה אַף אֶחָד לֹא בָּא אֵלַי?״ שׁוֹאֶלֶת עַלִיזָה הַבַּרְוָזָה.
מָה, הִיא לֹא יְכוֹלָה לְטַלְפֵּן לַחֲבֵרִים שֶׁלָּהּ
וּלְהַזְמִין אוֹתָם אֵלֶיהָ?
הִיא יְכוֹלָה.
אֲבָל הִיא מִתְעַצֶּלֶת.

עַלִיזָה הַבַּרְוָזָה, עַלִיזָה הַבַּרְוָזָה
מִתְעַצֶּלֶת.

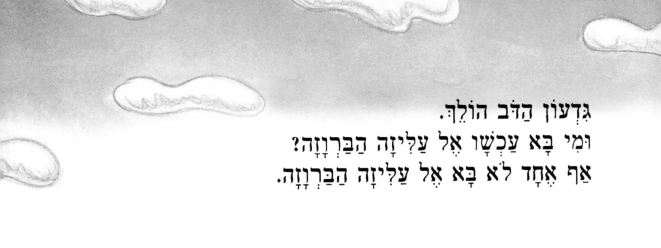

גִּדְעוֹן הַדֹּב הוֹלֵךְ.
וּמִי בָּא עַכְשָׁו אֶל עַלִיזָה הַבַּרְוָזָה?
אַף אֶחָד לֹא בָּא אֶל עַלִיזָה הַבַּרְוָזָה.

"לָמָּה אֵין לָךְ בִּכְלָל אֹכֶל בַּבַּיִת?" שׁוֹאֵל גִּדְעוֹן הַדֹּב.
"וּמִי יִקְנֶה לִי אֹכֶל?" עוֹנָה עַלִיזָה הַבַּרְוָזָה.
"מָה, אַתְּ לֹא יְכוֹלָה לִקְנוֹת בְּעַצְמֵךְ?"
שׁוֹאֵל גִּדְעוֹן הַדֹּב.
"אֲנִי יְכוֹלָה. אֲבָל אֲנִי מִתְעַצֶּלֶת."

עַלִיזָה הַבַּרְוָזָה, עַלִיזָה הַבַּרְוָזָה
מִתְעַצֶּלֶת.

מִי בָּא עַכְשָׁו אֶל עַלִיזָה הַבַּרְוָזָה?
גִּדְעוֹן הַדֹּב.
גַּם גִּדְעוֹן הַדֹּב הוּא חָבֵר שֶׁל עַלִיזָה הַבַּרְוָזָה.

וּמָה אַתֶּם חוֹשְׁבִים, שֶׁעַלִיזָה הַבַּרְוָזָה
לֹא יְכוֹלָה לִרְדֹּף אַחֲרֵי זוּזִיק הָעַכְבָּר וְלִתְפֹּס אוֹתוֹ?
הִיא יְכוֹלָה.
אֲבָל הִיא מִתְעַצֶּלֶת.

עַלִיזָה הַבַּרְוָזָה, עַלִיזָה הַבַּרְוָזָה
מִתְעַצֶּלֶת.

הוּא נִכְנָס בְּשֶׁקֶט-בְּשֶׁקֶט –
מִתְקָרֵב,
מִתְקָרֵב,
לוֹקֵחַ אֶת הָעוּגָה –
וּבוֹרֵחַ!

הוּא בָּא בְּשֶׁקֶט־בְּשֶׁקֶט –
פּוֹתֵחַ אֶת הַדֶּלֶת,
וְרוֹאֶה עַל הַשֻּׁלְחָן –
עוּגָה.

דָּנִי הַקִּפּוֹד הוֹלֵךְ. – וּמִי בָּא?
זוּזִיק הָעַכְבָּר.
זוּזִיק הָעַכְבָּר הוּא גַּנָּב יָדוּעַ.

״מָה, אַתְּ לֹא יְכוֹלָה לְנַקּוֹת בְּעַצְמֵךְ?״ שׁוֹאֵל דָּנִי הַקִּפּוֹד.
״אֲנִי יְכוֹלָה. אֲבָל אֲנִי מִתְעַצֶּלֶת.״

עַלִיזָה הַבַּרְוָזָה, עַלִיזָה הַבַּרְוָזָה
מִתְעַצֶּלֶת.

מִי בָּא אֶל עַלִיזָה הַבַּרְוָזָה?
דָּנִי הַקִּפּוֹד.
דָּנִי הַקִּפּוֹד הוּא חָבֵר שֶׁל עַלִיזָה הַבַּרְוָזָה.
"לָמָּה הַבַּיִת שֶׁלָּךְ כָּל־כָּךְ מְלֻכְלָךְ?" שׁוֹאֵל דָּנִי הַקִּפּוֹד.
"וּמִי יְנַקֶּה לִי אֶת הַבַּיִת?" עוֹנָה עַלִיזָה הַבַּרְוָזָה.

עַלִיזָה הַבַּרְוָזָה, עַלִיזָה הַבַּרְוָזָה
מִתְעַצֶּלֶת.

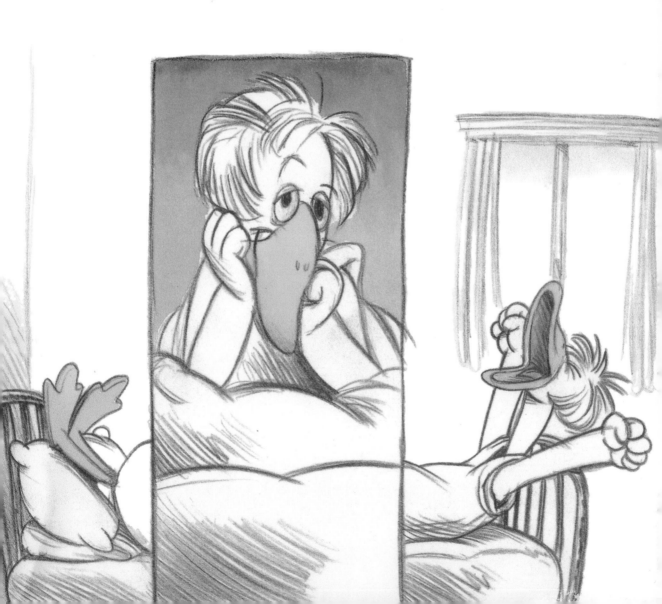

הִנֵּה עַלִיזָה הַבַּרְוָזָה.

"מִי יָבִיא לִי אֹכֶל?
מִי יָבִיא לִי מַיִם?
מִי יָבִיא לִי אֶת הַנַּעֲלַיִם?"
הִיא שׁוֹאֶלֶת.
מָה, הִיא לֹא יְכוֹלָה לְהָבִיא בְּעַצְמָהּ?
הִיא יְכוֹלָה. אֲבָל הִיא מִתְעַצֶּלֶת.

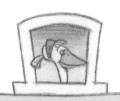

# עַלִיזָה הַבַּרְוָזָה וְהַחֲבֵרִים

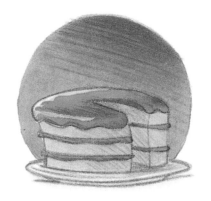

## כָּתְבָה: חַיָּה שֶׁנְהָב

### צִיֵּר: נֹעַם נָדָב

עם עובד

## יְלָדִים יְקָרִים,

סֵפֶר זֶה נִתָּן לָכֶם בְּמַתָּנָה מִמִּשְׂרַד הַחִנּוּךְ וּמִסִּפְרִיַּת פִּיגָ'מָה, שֶׁהוּקְמָה מִתּוֹךְ אַהֲבָה גְּדוֹלָה לִקְרִיאַת סְפָרִים וּלְעַם הַסֵּפֶר. אֲנַחְנוּ מְקַוִּים שֶׁתִּקְרְאוּ שׁוּב וָשׁוּב אֶת הַסֵּפֶר שֶׁקִּבַּלְתֶּם, וְהוּא יְעוֹרֵר בָּכֶם בְּכָל פַּעַם מֵחָדָשׁ אֶת שִׂמְחַת הַקְּרִיאָה. הִתְבּוֹנְנוּ סְבִיבְכֶם וְחַפְּשׂוּ בַּבַּיִת וּבְסִפְרִיַּת הַגַּן סְפָרִים שֶׁטֶּרֶם קְרָאתֶם, וְקִרְאוּ אוֹתָם עִם הַהוֹרִים וְגַם לְבַד. בַּקְּשׁוּ מֵהַהוֹרִים לָקַחַת אֶתְכֶם לַסִּפְרִיָּה הַמְּקוֹמִית, שָׁם מְחַכִּים לָכֶם עוֹד הַרְבֵּה סְפָרִים נֶהְדָּרִים שֶׁתְּגַלּוּ בָּהֶם עוֹלָמוֹת חֲדָשִׁים.

קְרִיאָה מְהַנָּה!

**שֶׁלָּכֶם בְּאַהֲבָה,**

**הֶרוֹלְד גְּרִינְסְפּוֹן**

מְיַסֵּד סִפְרִיַּת פִּיגָ'מָה

**סִימָה חֲדַד מַה־יָּפִית**

מְנַהֶלֶת הָאֲגַף לְחִנּוּךְ קְדַם־יְסוֹדִי

מִשְׂרַד הַחִנּוּךְ

סִפְרִיַּת פִּיגָ'מָה

מסורת של סיפורי לילה טוב

ספר זה שייך ל

_____

קריאה נעימה!